Tians & flans

Tians & flans

Aude de Galard & Leslie Gogois

Photographies, Rina Nurra
Stylisme, Lissa Streeter

Avec la collaboration de Gaz de France

HACHETTE
Pratique

sommaire

je veux la recette !

Arrosez le tian du mélange huile/citron / lavez les courgettes et les tomates / Pour varier / Préparation 20 min / PARSEMEZ LE TOUT DE BASILIC / versez délicatement le coulis dans les verres / Les ingrédients pour 4 personnes / Quand les lardons sont prêts / Puis ajoutez le sucre, le sucre vanillé, la crème fraîche et la crème de coco / Répartissez les brugnons dans quatre ramequins / 6 tranches de pain d'épice / Tian aux fruits rouges meringué / 1 paquet de palets bretons / avec la noix de muscade / le lait, le rhum puis les pruneaux / ÉPLUCHEZ LA POIRE / 2 sachets de sucre vanillé / Le truc de Stéphan / Équeutez les haricots verts / les queues d'écrevisses / variez les fines herbes / Salez et poivrez / Recette pour épater / la botte secrète d'Aude et Leslie / faites cuire au bain-marie pendant 40 min / Ajoutez quelques petites crevettes roses décortiquées / CUISSON 30 MIN / Délicieux avec les grillades, de poisson ou de viande / Une recette parfaite pour des brunchs qui changent / remplacer le mascarpone par de la ricotta / 1 rondelle de mozza posée sur le dessus à mi-cuisson / Pour une version plus light / ÉGOUTTEZ LES TOMATES CONFITES / Pour une finition parfaite / Déposez les morceaux d'ananas / saupoudrez le flan de sucre glace / quelques gouttes de sirop de lavande / Puis ajoutez le Nutella et la crème fraîche / quelques gouttes d'eau de fleur d'oranger / PIQUEZ LE FOND AVEC UNE FOURCHETTE / un petit verre de monbazillac assez frais

Tian de sardines aux aubergines

PRÉPARATION 25 MIN | **CUISSON** 40 MIN | **COÛT** ★ | **DIFFICULTÉ** ★★

→ CHAUD LE JOUR MÊME OU FROID LE LENDEMAIN, TOUTES LES COMBINAISONS FONCTIONNENT AVEC CE TIAN MÉDITERRANÉEN.

1 Rincez les sardines et récupérez les filets en ôtant l'arête centrale. Lavez l'aubergine et les tomates et coupez-les en fines tranches. Épépinez grossièrement les tomates. Coupez les tomates confites en petits morceaux. Dans un bol, mélangez le jus de citron avec l'huile d'olive et les herbes de Provence.

2 Préchauffez le four à 190 °C (th. 6-7). Dans un plat à gratin huilé, déposez les tranches d'aubergines et la moitié des rondelles de tomates. Arrosez-les de la moitié du mélange citron et huile. Salez et poivrez. Ajoutez les filets de sardine.

3 Puis recouvrez le tout du reste de tomates et des tomates confites. Arrosez le tian du mélange huile/citron restant. Poivrez à nouveau. Mettez au four 40 min environ.

Les ingrédients pour 4 à 6 personnes

12 petites sardines vidées et écaillées
1 aubergine
2 tomates
4 tomates confites
le jus d'½ citron
1 beau filet d'huile d'olive
1 cuil. à soupe d'herbes de Provence
1 filet d'huile pour le plat à gratin
sel et poivre

Astuces_ • Pour nous, 1 beau filet d'huile, c'est environ 5 cuil. à soupe. Maintenant c'est à vous de voir en fonction de vos goûts. • Pour un max de saveur, frottez l'intérieur de votre plat à gratin avec 1 demi-gousse d'ail. • Pour les plus gourmands, ajoutez des petites olives vertes ou noires juste avant de mettre au four. • Pour éviter que votre tian ne rende de l'eau, faites dégorger les rondelles d'aubergine pendant 1 h dans une passoire avec du gros sel.

la botte secrète d'aude et leslie

Faites les yeux doux à votre poissonnier et demandez-lui de lever les filets de sardine... Un gain de temps super précieux !

le verre de vin qui va bien

Accompagnez ce tian avec un tavel un peu frais.

Sel

recette**pour**épater…

Tian de courgettes, oignon et chèvre

PRÉPARATION 20 MIN | **CUISSON** 1 H | **COÛT** ★ | **DIFFICULTÉ** ★★

1 Épluchez les oignons et coupez-les finement. Dans une poêle antiadhésive, faites chauffer 1 filet d'huile. Ajoutez les oignons et faites-les blondir 12 min environ en mélangeant.

2 Pendant ce temps, lavez les courgettes et les tomates et coupez le tout en fines rondelles. Épépinez grossièrement les tomates. Retirez la croûte des crottins et coupez-les en rondelles. Lavez le basilic et coupez-le finement.

3 Préchauffez le four à 160 °C (th. 5-6). Déposez les oignons dans le fond d'un plat à gratin. Puis intercalez les rondelles de légumes et de chèvre en formant des rangées serrées. Salez et poivrez.

4 Arrosez généreusement d'huile d'olive. Parsemez le tout de basilic. Mettez au four 1 h environ en arrosant régulièrement le tian de son jus de cuisson.

Les ingrédients pour 4 à 6 personnes

4 oignons
4 courgettes
5 tomates
3 crottins de Chavignol
½ bouquet de basilic
2 beaux filets d'huile d'olive
sel et poivre

Astuce_ Pour aller plus vite, utilisez des oignons émincés surgelés.

la botte secrète d'aude et leslie

Pensez à troquer le chèvre contre de la mozza et le basilic contre de la sauge. Miam !

le tuyau de laurence

Je poivre mes rondelles de chèvre avant de les placer dans le plat !

le verre de vin qui va bien

Proposez un rouge corse.

Notre tian provençal

PRÉPARATION 25 MIN | **REPOS** 1 H | **CUISSON** 1 H | **COÛT** ★ | **DIFFICULTÉ** ★

Les ingrédients pour 4 à 6 personnes

- 1 belle aubergine
- 1 poignée de gros sel
- 4 oignons
- 2 courgettes
- 5 tomates
- ½ gousse d'ail
- 6 cuil. à soupe d'huile d'olive
- ½ bouquet d'estragon
- 1 belle poignée de gruyère râpé
- 1 beau filet d'huile d'olive pour la poêle
- sel et poivre

1 Lavez l'aubergine et coupez-la en rondelles. Puis faites-la dégorger : dans une passoire, déposez les rondelles, salez-les avec le gros sel et laissez-les reposer 1 h environ. Puis épongez-les soigneusement pour enlever le sel.

2 Épluchez les oignons et coupez-les finement. Dans une poêle antiadhésive, faites chauffer 1 filet d'huile. Ajoutez les oignons et faites-les blondir à feu doux 20 min environ en mélangeant. N'hésitez pas à rajouter un peu d'huile en cours de cuisson.

3 Pendant ce temps, lavez les courgettes et les tomates et coupez le tout en fines rondelles. Épépinez grossièrement les tomates. Préchauffez le four à 190 °C (th. 5-6). Frottez le fond et les parois d'un plat à gratin avec la demi-gousse d'ail, puis déposez-y les oignons. Ajoutez en couches successives les aubergines, les courgettes et les tomates. Salez et poivrez légèrement entre les couches.

4 Répétez l'opération jusqu'à épuisement des ingrédients. Arrosez généreusement d'huile d'olive (5 à 6 cuil. à soupe environ). Lavez l'estragon et coupez-le finement. Parsemez le tian d'estragon puis de gruyère râpé. Mettez au four 1 h environ en arrosant régulièrement le tian de son jus de cuisson.

Astuces_ • Les puristes le parsèment rarement de gruyère râpé. Sauf que c'est tellement bon que ce serait dommage de s'en priver ! • Pour un côté encore plus confit, faites revenir les oignons 30 min.

le verre de vin qui va bien

Proposez un bon rosé de Provence bien frais, bien sûr.

Tian tomates & mozza

PRÉPARATION 15 MIN **I CUISSON** 45 MIN **I COÛT ★ I DIFFICULTÉ ★**

→ CE TIAN EST UN VÉRITABLE JEU D'ENFANTS ET IL RAVIT LES GOURMANDS À TOUS LES COUPS...

1 Préchauffez le four à 190 °C (th. 6-7). Égouttez bien les poivrons et déposez-les dans le fond d'un plat à gratin. Salez, poivrez et ajoutez l'origan. Lavez les tomates et coupez-les en rondelles. Épépinez-les grossièrement. Égouttez la mozza et coupez-la en tranches pas trop épaisses.

2 Intercalez les tomates et la mozza en rangées serrées sur le lit de poivron. Arrosez le tout d'1 filet d'huile d'olive. Salez et poivrez à nouveau. Mettez au four 45 min environ. Servez *illico presto*.

Les ingrédients pour 4 à 6 personnes

2 bocaux de poivrons à l'huile d'olive
1 cuil. à soupe d'origan
7 tomates
400 g de mozzarella en barre
1 filet d'huile d'olive
sel et poivre

Astuces_ • Sachez qu'on trouve désormais dans les supermarchés de la mozzarella sous forme de pain « spécial cuisson » (et non en boule). • Idem pour les poivrons en bocaux qu'on trouve facilement près des conserves dans les supermarchés.

Tian d'aubergines et tomates perdues

PRÉPARATION 25 MIN | **CUISSON** 45 MIN | **COÛT** ★ | **DIFFICULTÉ** ★

→ L'IDÉE DE CE TIAN, C'EST D'UTILISER VOS TOMATES TROP MÛRES QUI COMMENCENT À TOURNER DE L'ŒIL...

1 Préchauffez le four à 190 °C (th. 6-7). Lavez les tomates, ôtez les parties trop abîmées, épépinez-les grossièrement. Déposez-les dans une casserole. Faites-les chauffer à feu doux avec 1 beau filet d'huile d'olive et les herbes de Provence pendant 20 min environ. Salez et poivrez. Mélangez régulièrement.

2 Pendant ce temps, lavez l'aubergine et coupez-la en tranches dans le sens de la longueur. Dans un bol, mélangez la chapelure avec le parmesan. Coupez les olives en petits morceaux.

3 Quand les tomates sont prêtes, déposez-en la moitié dans le fond d'un plat à gratin huilé. Ajoutez les olives et les tranches d'aubergine par-dessus. Puis recouvrez le tout du reste de tomates. Saupoudrez le tian du mélange au parmesan. Mettez au four pendant 45 min environ.

Les ingrédients pour 4 à 6 personnes

7 tomates trop mûres
1 cuil. à café d'herbes de Provence
1 belle aubergine
2 cuil. à soupe de chapelure
3 cuil. à soupe de parmesan râpé
1 poignée d'olives noires dénoyautées
1 beau filet d'huile d'olive pour la casserole
1 filet d'huile pour le plat à gratin
sel et poivre

Astuces_ • Pour cette recette, tablez sur 1 grosse aubergine. Sinon, rabattez-vous sur 2 petites ! • Pour éviter que votre tian ne rende de l'eau, vous pouvez faire dégorger les rondelles d'aubergine pendant 1 h dans une passoire avec du gros sel.

la botte secrète d'aude et leslie

Pour varier les plaisirs, troquez les herbes de Provence contre de l'origan ou de la sauge.

le tuyau de laurence

Saupoudrez le fond de votre plat de floraline ou de flocons d'avoine, cela épongera l'eau rendue et donnera en plus une petite touche originale et délicieuse à votre tian !

Tian de légumes confits de Stéphan

PRÉPARATION 35 MIN | **CUISSON** 2 H 15 | **COÛT** ★ | **DIFFICULTÉ** ★★

→ AH, STÉPHAN ET SES PETITES RECETTES QUI NOUS ENSORCELLENT ! CROYEZ-NOUS SUR PAROLE AVEC UN BON GIGOT OU UNE ÉPAULE D'AGNEAU RÔTIE, CE TIAN EST À SE DAMNER !

1 Épluchez les oignons et coupez-les finement. Dans une casserole, faites chauffer 1 beau filet d'huile d'olive. Ajoutez les oignons et faites-les confire à feu doux pendant 30 min. Mélangez régulièrement.

2 Pendant ce temps, lavez les poivrons, épépinez-les et coupez-les en fines lamelles. Lavez les tomates et les courgettes et coupez-les en rondelles. Épépinez grossièrement les tomates. Coupez les tomates confites en petits morceaux.

3 Préchauffez le four à 140 °C (th. 4-5). Quand les oignons sont prêts, déposez-les dans le fond d'un plat à gratin. Recouvrez-les de lamelles de poivron et de tomates confites. Puis alternez les courgettes et les tomates en formant des rangées serrées.

4 Arrosez le tout généreusement d'huile d'olive. Salez et poivrez. Parsemez le tian de thym. Mettez au four pendant 2 h 15 en l'arrosant régulièrement de son jus. Couvrez le tian d'une feuille de papier d'aluminium à mi-cuisson.

Les ingrédients pour 4 à 6 personnes

- 2 bottes d'oignons nouveaux
- 2 poivrons
- 5 tomates
- 2 courgettes
- 6 tomates confites
- 6 cuil. à soupe d'huile d'olive
- 5 pincées de thym
- 1 beau filet d'huile d'olive pour la casserole
- sel et poivre

Astuce_ Pour cette recette, choisissez des tomates bien mûres. Et pourquoi pas des tomates en grappe pour un max de goût ?

le tuyau de laurence

Un petit truc pour couper vos tomates bien mûres... un petit couteau scie fin, pour éviter la purée au découpage !

Tian d'Elvira

PRÉPARATION 25 MIN | **REPOS** 1 H | **CUISSON** 1 H 10 | **COÛT** ★ | **DIFFICULTÉ** ★★

→ ON A GOÛTÉ CE TIAN CHEZ NOTRE COPINE SOPHIE... ET ON A APPRIS QU'ON DEVAIT CETTE DÉLICIEUSE RECETTE À ELVIRA. LA VOILÀ POUR VOUS !

1 Lavez l'aubergine et coupez-la en rondelles. Puis faites-la dégorger : dans une passoire, déposez les rondelles, salez-les avec le gros sel et laissez-les reposer 1 h environ. Puis épongez-les soigneusement pour enlever le sel.

2 Dans une casserole d'eau bouillante, plongez les tomates 30 s environ. Lorsque leur peau commence à se décoller, ressortez-les une à une à l'aide d'une louche. Puis pelez-les, ôtez les pépins et coupez-les en rondelles. Lavez les courgettes et coupez-les en rondelles assez fines.

3 Préchauffez le four à 200 °C (th. 6-7). Dans un bol, mélangez la chapelure avec le parmesan et les herbes de Provence. Alternez les légumes (courgettes, tomates et aubergines) en formant des rangées serrées dans un grand plat à gratin huilé. Salez et poivrez généreusement.

4 Saupoudrez du mélange à la chapelure et arrosez généreusement le tout d'huile d'olive. Mettez au four 1 h 10 environ en arrosant régulièrement le tian de son jus de cuisson. Servez *illico presto*.

Les ingrédients pour 4 à 6 personnes

1 aubergine
1 cuil. à soupe de gros sel
5 tomates
3 petites courgettes
1 cuil. à soupe de chapelure
2 cuil. à soupe de parmesan râpé
1 cuil. à café d'herbes de Provence
6 cuil. à soupe d'huile d'olive
1 très beau filet d'huile d'olive pour le plat à gratin
sel et poivre

Astuce_ Pour aller plus vite, zappez l'étape où l'on pèle et l'on épépine les tomates. Déposez-les alors directement coupées en rondelles dans le plat. Le risque ? Elles rendront un peu plus d'eau en cours de cuisson. Ceci dit, on réalise cette recette comme ça très souvent et c'est un délice !

la botte secrète d'aude et leslie

Pour gagner du temps côté cuisson, coupez les légumes en très fines lamelles...

le verre de vin qui va bien

Pas d'hésitation : un bon vin rosé... si, si, ça existe vraiment. Demandez à votre caviste !

Tian de légumes à la menthe

PRÉPARATION 20 MIN | **CUISSON** 50 MIN | **COÛT** ★ | **DIFFICULTÉ** ★

1 Dans une casserole d'eau bouillante salée, faites cuire les fonds d'artichaut pendant 10 min environ.

2 Pendant ce temps, lavez les courgettes et les tomates et coupez le tout en fines rondelles. Épépinez grossièrement les tomates. Lavez la menthe et coupez-la finement. Dans un bol, mélangez la ricotta avec la menthe. Salez et poivrez généreusement.

3 Quand les artichauts sont prêts, égouttez-les bien et coupez-les en lamelles. Puis déposez-les dans le fond d'un plat à gratin huilé. Ajoutez sur le dessus en couches successives la ricotta, les courgettes et terminez par les tomates. Salez et poivrez. Arrosez le tian d'1 filet d'huile d'olive. Mettez au four pendant 50 min environ. Couvrez le tian d'un papier d'aluminium à mi-cuisson.

Les ingrédients pour 4 à 6 personnes

8 fonds d'artichaut surgelés
2 belles courgettes
4 tomates
½ bouquet de menthe
200 g de ricotta
2 filets d'huile d'olive
sel et poivre

Astuce_ Pour cette recette, on table sur ½ bouquet de menthe. Mais s'il est petit, misez plutôt sur 1...

la botte secrète d'aude et leslie

Et pour d'autres saveurs, troquez la menthe contre 3 cuil. à soupe de sauce *pesto* que vous mélangerez à la ricotta. *So delicious !*

le tuyau de laurence

La menthe coupée et surgelée est parfaite pour cette recette.

le verre de vin qui va bien

Proposez un saint-veran blanc.

Tian de courgettes, agneau et cumin

PRÉPARATION 30 MIN | **CUISSON** 20 MIN | **COÛT** ★★ | **DIFFICULTÉ** ★★

1 Lavez la coriandre et coupez-la finement. Épluchez les échalotes et émincez-les. Dans une sauteuse, faites chauffer l'huile. Puis ajoutez les échalotes et faites-les revenir 3 min. Ajoutez l'agneau haché, le cumin et la coriandre. Salez et poivrez. Mélangez bien et laissez cuire 15 min environ. Remuez régulièrement.

2 Pendant ce temps, préchauffez le four à 200 °C (th. 6-7). Lavez les courgettes et coupez-les en rondelles assez fines. Puis, dans une poêle, faites-les revenir pendant 12 min avec 1 beau filet d'huile. Salez et poivrez généreusement.

3 Déposez la moitié des courgettes dans le fond d'un plat à gratin. Recouvrez-les de la poêlée d'agneau. Puis ajoutez le reste de courgettes. Salez et poivrez. Mettez au four 15 à 20 min.

Les ingrédients pour 4 personnes

½ bouquet de coriandre
2 échalotes
600 g d'agneau haché
1 cuil. à café de cumin en poudre
4 courgettes
2 filets d'huile d'olive pour la sauteuse
1 filet d'huile pour la poêle
sel et poivre

Astuces_ • Pour des saveurs encore plus orientales, n'hésitez pas à rajouter un peu plus de cumin. • Pour les mordus de frometon, ajoutez du comté râpé sur le dessus de votre tian avant de le passer au four. • Pensez à réaliser cette recette dans des ramequins individuels pour une présentation au top.

la botte secrète d'aude et leslie

Pour une présentation au top, coupez vos courgettes en tranches dans le sens de la longueur...

le tuyau de laurence

Délicieux avec 1 demi-citron confit coupé en petits dés.

Tian d'aubergines et fromage de brebis

PRÉPARATION 15 MIN | **CUISSON** 50 MIN | **COÛT** ★ | **DIFFICULTÉ** ★

1 Préchauffez le four à 190 °C (th. 6-7). Déposez les tranches d'aubergine dans le fond d'un plat à gratin huilé. Lavez les courgettes et coupez-les en rondelles. Ôtez la croûte du fromage de brebis et coupez-le en lamelles.

2 Intercalez les courgettes et le fromage en rangées serrées sur le lit d'aubergines. Salez et poivrez. Dans un bol, mélangez l'huile avec la sauce *pesto*. Arrosez le tian de ce mélange. Parsemez le tout de thym. Mettez au four 50 min environ. Servez *illico presto*.

Les ingrédients pour 4 à 6 personnes

10 tranches d'aubergine grillées surgelées
2 courgettes
350 g de fromage de brebis (type Etorki)
5 cuil. à soupe d'huile
1 cuil. à soupe de sauce *pesto* (facultatif)
1 branche de thym
1 beau filet d'huile d'olive pour le plat
sel et poivre

Astuces_ • Vous pouvez remplacer le thym par du romarin et le *pesto* par de la tapenade.
• Évidemment, ça fonctionne très bien avec 1 aubergine coupée en rondelles...

le verre de vin qui va bien

Servez ici une bouteille de chardonnay bien fraîche.

Tian de pêches et mangue

PRÉPARATION 15 MIN | **CUISSON** 20 MIN | **COÛT** ★ | **DIFFICULTÉ** ★

→ AVEC UNE BOULE DE GLACE AU CHOCOLAT, C'EST UN VÉRITABLE PÉCHÉ MIGNON...

1 Préchauffez le four à 190 °C (th. 6-7). Dans un bol, mélangez la cassonade avec le gingembre. Épluchez les pêches et la mangue et coupez-les en lamelles.

2 Dans un plat à gratin, alternez les fruits en rangées serrées. Parsemez le tian du mélange sucre et gingembre puis d'amandes effilées. Mettez au four 20 min environ.

Les ingrédients pour 4 personnes

4 cuil. à soupe de cassonade
7 pincées de gingembre en poudre
6 pêches
1 belle mangue mûre
1 poignée d'amandes effilées

Astuces_ • Pour couper la mangue, ôtez la peau puis coupez des lamelles dans la chair autour du noyau. • Vous pouvez remplacer les amandes par des pignons que vous ferez poêler à sec de la même façon. • Si vos fruits ne sont pas très juteux, ajoutez quelques mini-noisettes de beurre sur le dessus du tian avant de passer au four.

la botte secrète d'aude et leslie

Pour les mordus de gingembre, ajoutez quelques petits morceaux de gingembre confit dans ce tian.

le truc de stéphan

Si vous avez de la citronnelle fraîche, hachez-la et mélangez-la avec les fruits avant de les mettre à cuire.

Tian de figues aux poires

PRÉPARATION 20 MIN | **CUISSON** 15 MIN | **COÛT** ★ | **DIFFICULTÉ** ★

→ JOUEZ LA CARTE CHAUD-FROID EN SERVANT VOTRE TIAN AVEC UNE BOULE DE GLACE À LA VANILLE...

1 Préchauffez le four à 230 °C (th. 7-8). Lavez les figues, épluchez les poires et coupez le tout en morceaux. Faites fondre le beurre au micro-ondes. Passez les tranches de pain d'épice au toaster quelques instants. Puis émiettez-les dans un grand bol. Versez le beurre fondu et mélangez bien à l'aide d'une fourchette.

2 Dans un plat à gratin, déposez les poires et les figues. Parsemez-les de pépites de chocolat. Puis répartissez la pâte au pain d'épice sur le dessus. Mettez au four 15 min environ. Servez *illico presto*.

Les ingrédients pour 4 personnes

6 figues mûres

4 poires

50 g de beurre salé

6 tranches de pain d'épice

4 cuil. à soupe de pépites de chocolat

Astuce_ Si votre tian dore trop rapidement, couvrez-le d'une feuille de papier d'aluminium en cours de cuisson.

le verre de vin qui va bien

Un ballon d'armagnac... Mmm !

Tian aux fruits rouges meringué

PRÉPARATION 25 MIN | **CUISSON** 10 MIN | **COÛT** ★ | **DIFFICULTÉ** ★★

1 Dans une poêle antiadhésive, faites chauffer le miel avec le jus de citron. Ajoutez les fruits surgelés et mélangez. Laissez cuire 12 à 15 min à feu doux jusqu'à ce que les fruits soient décongelés.

2 Préchauffez le four à 180 °C (th. 6). Répartissez les fruits dans 1 plat à gratin et nappez-les de la sauce au miel. Laissez refroidir.

3 Pendant ce temps, préparez la meringue : montez les blancs en neige bien fermes. Puis ajoutez le sucre glace en continuant de battre. Répartissez les blancs en neige sur les fruits refroidis. Mettez au four 10 min environ.

Les ingrédients pour 4 personnes

8 cuil. à soupe de miel d'acacia

2 cuil. à soupe de jus de citron

750 g de fruits rouges et noirs mélangés surgelés

4 blancs d'œufs

4 cuil. à soupe de sucre glace

Astuce_ Vous pouvez aussi préparer cette recette dans quatre ou six ramequins selon leur grandeur.

le verre de vin qui va bien

Une coupe de champagne rosé bien frais...

Tian des copines

PRÉPARATION 15 MIN | **CUISSON** 17 MIN | **COÛT** ★ | **DIFFICULTÉ** ★

→ QUAND NOS COPINES DÉBARQUENT À L'HEURE DU GOÛTER, ELLES ONT DROIT À CETTE RECETTE À TOUS LES COUPS. ON N'EN FAIT QU'UNE BOUCHÉE EN REFAISANT LE MONDE...

1 Épluchez les pommes et les poires et coupez-les en lamelles. Déposez-les dans le fond d'un plat à gratin. Répartissez les Carambar par-dessus.

2 Émiettez les palets bretons dans un mortier ou à la main. Puis, dans un saladier, mélangez les miettes de biscuits avec 2 cuil. à soupe d'eau jusqu'à obtention d'une pâte sableuse.

3 Ajoutez la pâte aux palets bretons sur les fruits et les Carambar. Mettez au four 15 à 17 min environ.

Les ingrédients pour 4 personnes

- 3 pommes
- 4 poires
- 5 Carambar
- 1 paquet de palets bretons

Astuce_ Pour que tous les fruits bénéficient du Carambar fondu, coupez-les en morceaux que vous répartirez uniformément dans le plat.

la botte secrète d'aude et leslie

Vous pouvez remplacer les Carambar par des Michoko coupés en petits morceaux.

TORDANTES !

Flan de courgettes au curry

PRÉPARATION 20 MIN | **CUISSON** 40 MIN | **COÛT** ★ | **DIFFICULTÉ** ★

→ C'EST UN DES FLANS PRÉFÉRÉS DE LESLIE... ELLE ADORE LE SERVIR AVEC UNE SALADE DE MÂCHE !

1 Lavez les courgettes. Coupez-les en rondelles. Dans une poêle, faites chauffer l'huile. Ajoutez les courgettes et faites-les poêler 6 à 8 min en mélangeant régulièrement. Ajoutez le curry. Salez et poivrez.

2 Préchauffez le four à 180 °C (th. 6). Dans un saladier, battez rapidement les œufs et les jaunes. Puis ajoutez la crème en mélangeant. Salez et poivrez légèrement.

3 Répartissez les courgettes bien égouttées dans le fond de quatre ramequins beurrés. Ajoutez 1 petit chèvre par ramequin puis recouvrez le tout de crème aux œufs. Faites cuire les flans au bain-marie pendant 40 min environ. Servez *illico presto*.

Les ingrédients pour 4 personnes

- 2 petites courgettes
- 6 pincées de curry en poudre
- 2 œufs + 2 jaunes
- 20 cl de crème fraîche
- 4 petits chèvres (type picodon)
- 1 beau filet d'huile pour la poêle
- 1 noisette de beurre pour les ramequins
- sel et poivre

Astuces_ • Pour tout savoir sur la cuisson au bain-marie, foncez page 114. • Si vous ne trouvez pas de picodons, utilisez 1 bûche de chèvre que vous couperez en rondelles.

la botte secrète d'aude et leslie

On peut troquer le curry contre du thym, c'est tout aussi bon !

le truc de stéphan

À faire aussi avec du curry en pâte que l'on trouve dans les épiceries asiatiques.

Flan aux poireaux

PRÉPARATION 20 MIN | **CUISSON** 40 MIN | **COÛT** ★ | **DIFFICULTÉ** ★

→ AUDE A UNE PASSION POUR LES FLANS AUX POIREAUX DEPUIS QU'ELLE EN A GOÛTÉ UN CHEZ MADAME FRISCH, L'ANNÉE DE SES 4 ANS...

1 Dans une poêle, faites chauffer 1 filet d'huile. Ajoutez les poireaux encore surgelés et faites-les cuire 15 à 20 min environ. Mélangez régulièrement et n'hésitez pas à rajouter un peu d'huile en cours de cuisson.

2 Pendant ce temps, préchauffez le four à 180 °C (th. 6). Dans un saladier, battez rapidement les œufs et les jaunes. Puis ajoutez la crème et le parmesan en mélangeant. Salez et poivrez.

3 Répartissez les poireaux bien égouttés dans quatre ramequins beurrés. Puis recouvrez le tout de crème aux œufs. Faites cuire les flans au bain-marie pendant 40 min environ. Servez *illico presto*.

Les ingrédients pour 4 personnes

- 500 g de blancs de poireau émincés surgelés
- 2 œufs + 2 jaunes
- 20 cl de crème fraîche
- 80 g de parmesan râpé (facultatif)
- 1 filet d'huile pour la poêle
- 1 noisette de beurre pour les ramequins
- sel et poivre

Astuces_ • Pour tout savoir sur la cuisson au bain-marie, foncez page 114. • Pour un max de saveur, rajoutez dans la préparation aux œufs quelques pincées de noix de muscade, mélange de quatre-épices ou colombo en poudre.

la botte secrète d'aude et leslie

Avec des petits lardons poêlés glissés dans la préparation aux œufs, c'est super bon !

le tuyau de laurence

Ajoutez 1 cuil. à café de graines de cumin au moment où vous faites revenir les poireaux, c'est un délicieux mariage.

le truc de stéphan

Si vous faites cette recette avec des poireaux frais, émincez-les et faites-les cuire pendant 15 min environ.

Flan saumon-épinards

PRÉPARATION 20 MIN | **CUISSON** 40 MIN | **COÛT** ★★ | **DIFFICULTÉ** ★

1 Dans une poêle, faites chauffer à feu doux les épinards encore surgelés. Salez et poivrez. Laissez-les cuire comme indiqué sur le paquet. Puis égouttez-les bien à travers une passoire fine.

2 Préchauffez le four à 180 °C (th. 6). Ôtez la peau et les arêtes du saumon. Puis coupez-le en petits morceaux. Dans un saladier, battez rapidement les œufs et les jaunes avec la noix de muscade.

3 Puis ajoutez la crème en mélangeant. Salez et poivrez. Répartissez les épinards dans le fond de quatre ramequins ou d'un petit plat à gratin. Ajoutez le saumon par-dessus puis recouvrez le tout de la préparation aux œufs. Faites cuire au bain-marie pendant 35 à 40 min. Servez *illico presto*.

Les ingrédients pour 4 personnes

150 g d'épinards à la crème surgelés
200 g de pavés de saumon
2 œufs + 2 jaunes
4 pincées de noix de muscade en poudre
20 cl de crème fraîche
sel et poivre

Astuces_ • Pour tout savoir sur la cuisson au bain-marie, foncez page 114. • Vous pouvez bien évidemment réaliser cette recette avec des épinards frais en branche que vous ferez cuire à la vapeur une dizaine de minutes. • Vous pouvez remplacer la noix de muscade par du curry en poudre.

la botte secrète d'aude et leslie

Super bon aussi avec des lamelles de saumon fumé à la place du saumon frais...

le tuyau de laurence

À servir avec des petites timbales de riz pour un dîner tout simple et tout sain.

Petits flans de légumes

PRÉPARATION 20 MIN | **CUISSON** 40 MIN | **COÛT** ★ | **DIFFICULTÉ** ★

1 Équeutez les haricots verts, rincez-les et coupez-les en deux ou trois. Épluchez les carottes et coupez-les en rondelles. Dans une casserole d'eau bouillante salée, plongez les haricots, les carottes et les petits pois et faites-les cuire 10 min environ. Égouttez-les bien.

2 Pendant ce temps, préchauffez le four à 180 °C (th. 6). Dans un saladier, battez rapidement les œufs et les jaunes. Puis ajoutez la crème en mélangeant. Salez et poivrez.

3 Répartissez les légumes dans le fond de quatre ramequins beurrés. Recouvrez de la préparation aux œufs puis de ciboulette ciselée. Faites cuire au bain-marie pendant 40 min. Servez chaud ou froid.

Les ingrédients pour 4 personnes

100 g de haricots verts
2 carottes
150 g de petits pois écossés
2 œufs + 2 jaunes
20 cl de crème fraîche
½ botte de ciboulette
1 noisette de beurre pour les ramequins
sel et poivre

Astuces_ • Pour aller plus vite, utilisez une poêlée de légumes toute prête surgelée.
• Pour tout savoir sur la cuisson au bain-marie, foncez page 114.

la botte secrète d'aude et leslie

Vous connaissez notre passion pour le fromage. Alors forcément, nous, on adore ajouter des petits cubes de comté ou de mozza dans ces flans. *So delicious !*

le tuyau de laurence

J'adore ces petits flans avec de l'estragon.

le verre de vin qui va bien

Servez un soave, excellent blanc italien.

Flan aux asperges et écrevisses

PRÉPARATION 20 MIN | **CUISSON** 40 MIN | **COÛT** ★★★ | **DIFFICULTÉ** ★★

→ AVEC UNE SALADE D'HERBES EN ENTRÉE, C'EST JUSTE DIVIN. VOUS POUVEZ AUSSI ZAPPER LES ÉCREVISSES ET HOP UN ACCOMPAGNEMENT QUI CLAQUE POUR TOUS VOS POISSONS !

1 Préchauffez le four à 180 °C (th. 6). Rincez et égouttez les asperges blanches et vertes en les pressant bien dans vos mains (il ne doit quasiment plus y avoir de liquide). Puis passez-les au mixeur avec les œufs entiers, les jaunes d'œufs, la crème, le paprika et le persil plat. Salez et poivrez généreusement.

2 Rincez les queues d'écrevisses et égouttez-les bien. Répartissez-les dans six ramequins beurrés. Versez la préparation aux asperges par-dessus. Faites cuire au bain-marie pendant 40 min environ. Laissez reposer quelques instants avant de démouler les flans délicatement. Servez chaud, tiède ou froid.

Les ingrédients pour 6 personnes

2 bocaux d'asperges blanches (220 g poids net égoutté au total)
1 bocal d'asperges vertes (110 g poids net égoutté)
2 œufs + 2 jaunes
20 cl de crème fraîche
4 pincées de paprika en poudre (facultatif)
3 cuil. à soupe de persil plat ciselé
200 g de queues d'écrevisses décortiquées en barquette
1 noisette de beurre pour les ramequins
sel et poivre

Astuces_ • Sachez qu'on trouve facilement des queues d'écrevisses en barquette au rayon frais des supermarchés (près du tarama et du saumon fumé). • Dès que c'est la saison, ruez-vous sur les asperges fraîches... • Pour tout savoir sur la cuisson au bain-marie, foncez page 114.

la botte secrète d'aude et leslie

On ne se lasse pas de cette recette. En plus, on a testé une 2e version trop sympa : troquez les asperges contre des fonds d'artichauts en boîte. Un régal !

le tuyau de laurence

J'adore cette recette avec 2 cuil. à soupe de parmesan. Pour une version exotique, remplacez le persil plat contre de la coriandre.

le verre de vin qui va bien

Proposez un blanc floral très agréable, le gewurztraminer.

Flan aux carottes tout simple

PRÉPARATION 5 MIN | **CUISSON** 40 MIN | **COÛT** ★ | **DIFFICULTÉ** ★

1 Préchauffez le four à 180 °C (th. 6). Dans un saladier, battez rapidement les œufs. Ajoutez la purée de carottes et le cumin. Salez et poivrez généreusement. Mélangez bien.

2 Répartissez la préparation dans quatre ramequins beurrés. Faites cuire au bain-marie pendant 40 min environ. Laissez refroidir quelques instants avant de démouler. Servez chaud ou froid.

Les ingrédients pour 4 personnes

4 œufs

500 g de purée de carottes toute prête

½ cuil. à café de cumin en poudre

1 noisette de beurre pour les ramequins

sel et poivre

Astuces_ • Vous pouvez remplacer le cumin par du mélange quatre-épices, du curry ou du colombo en poudre. • Pour réussir le démoulage, utilisez des moules en silicone ou, à la sortie du four, passez la lame d'un couteau le long du moule pour décoller le flan. • Pour tout savoir sur la cuisson au bain-marie, foncez page 114.

la botte secrète d'aude et leslie

À vous de customiser ces petits flans simplissimes... Nous, on adore les parsemer de mimolette râpée avant de les mettre au four.

le tuyau de laurence

J'adore avec quelques zestes fins d'1 orange non traitée.

le truc de stéphan

Corsez ces flans avec 1 petite pointe de gingembre frais finement haché.

Flan de poisson au cerfeuil

PRÉPARATION 20 MIN | **CUISSON** 45 MIN | **COÛT** ★ | **DIFFICULTÉ** ★

1 Dans une casserole d'eau bouillante, plongez les tomates 30 s environ. Lorsque leur peau commence à se décoller, ressortez-les une à une à l'aide d'une louche. Puis épluchez-les, épépinez-les grossièrement et coupez-les en petits morceaux. Épluchez les gousses d'ail et hachez-les.

2 Dans une poêle, faites chauffer 1 beau filet d'huile. Ajoutez l'ail et les tomates et laissez cuire le tout 15 min en mélangeant.

3 Pendant ce temps, préchauffez le four à 180 °C (th. 6). Lavez le cerfeuil et le persil plat. Coupez le lieu en morceaux après avoir enlevé les arêtes. Puis passez-le avec les fines herbes au mixeur pour obtenir une purée.

4 Dans un saladier, battez rapidement les œufs. Ajoutez les tomates et le lieu aux fines herbes. Mélangez bien. Répartissez cette préparation dans quatre ramequins beurrés. Faites cuire les flans au bain-marie pendant 40 à 45 min. Laissez refroidir avant de démouler.

Les ingrédients pour 4 personnes

5 tomates
2 gousses d'ail
½ botte de cerfeuil
4 brins de persil plat
300 g de filets de lieu (ou autre poisson blanc)
3 œufs
1 noisette de beurre pour les ramequins
1 filet d'huile pour la poêle
sel et poivre

Astuces_ • Pour tout savoir sur la cuisson au bain-marie, foncez page 114. • Pour varier les plaisirs, variez les fines herbes. Et pourquoi pas coriandre, basilic ou aneth ?

la botte secrète d'aude et leslie

Pour une entrée qui en jette carrément, servez ces flans succulents avec des petits toasts de tapenade.

le tuyau de laurence

Vous pouvez utiliser du poisson surgelé, cabillaud ou saumon par exemple.

Flan de poivrons

PRÉPARATION 1H | **CUISSON** 40 MIN | **COÛT** ★ | **DIFFICULTÉ** ★★

→ C'EST UN DÉLICE POUR ACCOMPAGNER VOS PAPILLOTES DE POISSON.

1 Préchauffez le gril du four. Déposez les poivrons lavés sur la plaque du four recouverte de papier sulfurisé. Mettez-les au four pendant 45 min en les retournant à mi-parcours jusqu'à ce que leur peau soit noire.

2 À la fin de la cuisson des poivrons, laissez-les refroidir avant d'enlever la peau noire et les pépins. Récupérez la chair. Puis passez au mixeur les poivrons avec les œufs, les jaunes d'œufs, la crème et le Boursin Cuisine. Salez et poivrez.

3 Répartissez la préparation dans quatre ramequins beurrés. Faites cuire au bain-marie pendant 40 min environ. Laissez refroidir quelques instants avant de démouler. Servez chaud ou froid.

Les ingrédients pour 4 personnes

3 beaux poivrons rouges
2 œufs + 2 jaunes
10 cl de crème fraîche
2 cuil. à soupe de Boursin Cuisine ail et fines herbes
1 noisette de beurre pour les ramequins
sel et poivre

Astuces_ • Si vous ne trouvez pas de Boursin Cuisine ail et fines herbes, remplacez-le par de la ricotta ou doublez les proportions de crème. • Pour aller beaucoup plus vite, utilisez des poivrons en bocal bien égouttés. • Vous pouvez cuire ces flans au four sans le bain-marie. Ça marche très bien aussi !

le tuyau de laurence

Vous en surprendrez plus d'un avec des poivrons jaunes !

le verre de vin qui va bien

Proposez un valpolicella.

Mon flan ratatouille

PRÉPARATION 10 MIN | **CUISSON** 40 MIN | **COÛT** ★ | **DIFFICULTÉ** ★

→ DÉGUSTEZ CES PETITS FLANS CHAUDS AVEC DES CÔTELETTES GRILLÉES OU UN POISSON BLANC... MAIS ILS SONT AUSSI TRÈS BONS FROIDS AVEC UNE SALADE OU UNE ASSIETTE DE CHARCUTERIE.

1 Préchauffez le four à 180 °C (th. 6). Égouttez bien la ratatouille à travers une passoire fine. Coupez les olives en petits morceaux. Dans un saladier, battez rapidement les œufs. Ajoutez la ratatouille égouttée et les olives. Salez et poivrez.

2 Versez cette préparation dans six ramequins beurrés. Parsemez le tout de chapelure. Puis faites cuire au bain-marie pendant 40 min environ. Servez chaud, tiède ou froid.

Les ingrédients pour 6 personnes

600 g de ratatouille toute prête
1 poignée d'olives noires dénoyautées (facultatif)
4 œufs
4 cuil. à café de chapelure (facultatif)
1 noisette de beurre pour les ramequins
sel et poivre

Astuces_ • Pour tout savoir sur la cuisson au bain-marie, foncez page 114. • Avec des restes de ratatouille « maison », c'est bien évidemment très très bon !

la botte secrète d'aude et leslie

Pour une note *spicy*, ajoutez dans la ratatouille quelques pincées de piment de Cayenne en poudre.

le tuyau de laurence

Vous pouvez servir ces petits flans froids avec une petite chiffonnade de jambon de Parme sur le dessus.

le truc de stéphan

Sachez que ces petits flans peuvent se cuire en très peu de temps dans le four à micro-ondes.

Flan au thon trop bon

PRÉPARATION 25 MIN | **CUISSON** 45 MIN | **COÛT** ★ | **DIFFICULTÉ** ★★

→ ON L'AIME TELLEMENT QU'ON LE SERT AUSSI BIEN CHAUD QUE TIÈDE OU FROID. À VOIR EN FONCTION DE VOS ENVIES !

1 Épluchez les échalotes et coupez-les finement. Épluchez la gousse d'ail et hachez-la. Lavez le basilic et ciselez-le. Lavez la courgette et coupez-la en cubes. Égouttez soigneusement les tomates pelées en les pressant bien entre vos mains et coupez-les en morceaux en les épépinant grossièrement.

2 Dans une grande poêle, faites chauffer l'huile. Ajoutez les échalotes et faites-les revenir 3 min. Puis ajoutez l'ail, les tomates, la courgette et le basilic. Salez et poivrez généreusement. Laissez cuire 15 min en mélangeant régulièrement.

3 Pendant ce temps, préchauffez le four à 200 °C (th. 6-7). Égouttez bien le thon. Émiettez-le avec les doigts. Répartissez-le dans le fond d'un plat à gratin beurré. Dans un saladier, battez rapidement les œufs. Puis ajoutez la crème.

4 À la fin de la cuisson de la poêlée de légumes, égouttez-les légèrement et ajoutez-les dans le plat. Salez et poivrez. Recouvrez le tout de la préparation aux œufs. Mettez au four pendant 40 à 45 min. Servez *illico presto*.

Les ingrédients pour 4 à 6 personnes

2 échalotes
1 gousse d'ail
½ bouquet de basilic
1 courgette
1 grosse boîte de tomates pelées (765 g poids net total)
1 grosse boîte de thon au naturel (200 g environ poids net total)
4 œufs
15 cl de crème fraîche
1 beau filet d'huile d'olive pour la poêle
1 noisette de beurre pour le plat
sel et poivre

Astuce_ Pour aller plus vite, utilisez des échalotes, de l'ail et du basilic surgelés...

la botte secrète d'aude et leslie

Pour encore plus de saveurs, ajoutez quelques tomates confites et quelques olives vertes, le tout coupé en petits morceaux. Mmm !

le tuyau de laurence

Ajoutez quelques petites crevettes roses décortiquées.

Flan aux herbes

PRÉPARATION 10 MIN | **CUISSON** 45 MIN | **COÛT** ★ | **DIFFICULTÉ** ★

→ DÉLICIEUX AVEC LES GRILLADES, DE POISSON OU DE VIANDE. BREF, UNE RECETTE PARFAITE DÈS QUE LES BARBECUES POINTENT LEUR NEZ...

1 Préchauffez le four à 180 °C (th. 6). Lavez les fines herbes et coupez-les finement. Dans un saladier, battez rapidement les œufs. Puis ajoutez la brousse, la sauce *pesto* et les fines herbes. Salez légèrement et poivrez.

2 Répartissez cette préparation dans quatre ramequins. Puis faites cuire le tout au bain-marie pendant 40 à 45 min environ. Servez chaud ou tiède.

Les ingrédients pour 4 personnes

1 botte de ciboulette
½ bouquet de menthe
½ bouquet de basilic
4 œufs
250 g de brousse
2 cuil. à soupe de sauce *pesto* toute prête
sel et poivre

Astuces_ • Pour tout savoir sur la cuisson au bain-marie, foncez page 114. • Vous pouvez remplacer la brousse par de la ricotta. • Ne remplissez pas vos ramequins à ras bord car ces petits flans gonflent bien pendant la cuisson.

la botte secrète d'aude et leslie

Top delicious avec des lamelles de jambon cru ajoutées dans la pâte...

le verre de vin qui va bien

Connaissez-vous le viogner ? C'est un très bon blanc australien. À découvrir...

Flan tomates cerise et feta

PRÉPARATION 15 MIN | **CUISSON** 30 MIN | **COÛT** ★ | **DIFFICULTÉ** ★

→ UNE RECETTE PARFAITE POUR DES BRUNCHS QUI CHANGENT...

1 Préchauffez le four à 200 °C (th. 6-7). Lavez les tomates cerise. Rincez le basilic et coupez-le finement. Égouttez la feta et coupez-la en cubes.

2 Dans un saladier, battez rapidement les œufs et les jaunes. Puis ajoutez la crème liquide, la ricotta et le basilic en mélangeant. Salez et poivrez.

3 Dans un moule à bord haut beurré, répartissez les tomates cerise et la feta. Versez la préparation aux œufs par-dessus. Mettez au four 30 min environ. Servez froid.

Les ingrédients pour 4 personnes

250 g de tomates cerise
½ bouquet de basilic
150 g de feta
2 œufs + 2 jaunes
10 cl de crème liquide
100 g de ricotta
1 noisette de beurre pour le moule
sel et poivre

Astuces_ • Pour varier les plaisirs, essayez cette recette avec des cubes de mozza.
• Votre flan est cuit quand la pointe d'un couteau plantée au milieu ressort quasi sèche.

le tuyau de laurence

À tester avec des tomates confites ; vous les trouverez au rayon frais ou au rayon traiteur de votre supermarché. Pensez juste à bien les égoutter avant de les ajouter à la pâte..

Flan de céleri aux lardons

PRÉPARATION 15 MIN | **CUISSON** 40 MIN | **COÛT** ★ | **DIFFICULTÉ** ★

Les ingrédients pour 4 personnes

100 g de lardons
4 œufs
10 cl de crème fraîche
4 pincées de noix de muscade râpée
500 g de purée de céleri toute prête
1 noisette de beurre pour les ramequins
sel et poivre

1 Préchauffez le four à 180 °C (th. 6). Dans une poêle antiadhésive, faites revenir les lardons sans matière grasse 5 min environ. Dans un saladier, battez rapidement les œufs. Ajoutez la crème, la noix de muscade et la purée. Salez légèrement et poivrez.

2 Quand les lardons sont prêts, égouttez-les bien et ajoutez-les dans la préparation. Répartissez le tout dans quatre ramequins beurrés. Faites cuire au bain-marie 40 min environ.

Astuces_ • Si vous n'avez pas de ramequins, utilisez un plat à gratin beurré. • Pour tout savoir sur la cuisson au bain-marie, foncez page 114. • Vous trouverez facilement de la purée de céleri toute prête au rayon frais ou surgelés des supermarchés. Mais vous pouvez aussi, quand vous avez le temps, vous lancer dans une purée « maison ».

Flan onctueux de brocoli

PRÉPARATION 15 MIN | **CUISSON** 45 MIN | **COÛT** ★ | **DIFFICULTÉ** ★

1 Dans une casserole d'eau bouillante salée, faites cuire les brocolis pendant 8 min environ.

2 Préchauffez le four à 180 °C (th. 6). À la fin de la cuisson des brocolis, égouttez-les bien. Puis passez-les au mixeur avec les œufs, le mascarpone et le comté. Salez et poivrez généreusement.

3 Répartissez la préparation dans quatre ramequins beurrés. Puis faites cuire au bain-marie pendant 45 min environ. Servez *illico presto*.

Les ingrédients pour 4 personnes

400 g de têtes de brocoli surgelées
4 œufs
2 belles cuil. à soupe de mascarpone
1 poignée de comté râpé
1 noisette de beurre pour les ramequins
sel et poivre

Astuces_ • Pour tout savoir sur la cuisson au bain-marie, foncez page 114. • Vous pouvez remplacer le mascarpone par de la ricotta. • Pour gagner du temps, zapper le bain-marie et faites cuire ces flans 30 min au four. • Vous pouvez garder quelques têtes de brocoli non mixées, ça n'en sera que meilleur.

le tuyau de laurence

Ajoutez quelques petits lardons au fond de vos ramequins, que vous aurez fait revenir avant à la poêle.

le verre de vin qui va bien

Essayez donc un amarone, succulent rouge d'Italie plein de soleil et de (bonnes) surprises...

Flan aux aubergines

PRÉPARATION 10 MIN I **CUISSON** 40 MIN I **COÛT** ★ I **DIFFICULTÉ** ★

→ UNE PETITE RECETTE MEGA-EXPRESS. À DÉGAINER LORS DE VOS BUFFETS D'ÉTÉ OU DÎNERS IMPROVISÉS ENTRE POTES...

1 Préchauffez le four à 180 °C (th. 6). Dans un saladier, battez rapidement les œufs. Puis ajoutez la ricotta et la purée d'aubergines en mélangeant. Salez légèrement et poivrez.

2 Versez la préparation dans quatre ramequins beurrés. Puis faites cuire le tout au bain-marie pendant 40 min environ. Servez chaud, tiède ou froid.

Les ingrédients pour 4 personnes

4 œufs
100 g de ricotta
450 g de purée d'aubergines toute prête
1 noisette de beurre pour les ramequins
sel et poivre

Astuces_ • Pour tout savoir sur la cuisson au bain-marie, foncez page 114. • Variez les purées : courgettes, brocolis ou même carottes...

la botte secrète d'aude et leslie

Avec 1 rondelle de mozza posée sur le dessus à mi-cuisson, c'est un graal !

le tuyau de laurence

Ajoutez à cette préparation des tomates séchées coupées en petits dés.

Flan fèves & chorizo

PRÉPARATION 15 MIN | **CUISSON** 45 MIN | **COÛT** ★ | **DIFFICULTÉ** ★

1 Préchauffez le four à 180 °C (th. 6). Ôtez la peau du chorizo puis coupez-le en petits morceaux. Dans un saladier, battez rapidement les œufs et les jaunes. Puis ajoutez la crème en mélangeant. Salez et poivrez.

2 Répartissez les fèves encore surgelées et le chorizo dans le fond de quatre ramequins. Recouvrez de la préparation aux œufs. Faites cuire au bain-marie pendant 40 à 45 min environ. Servez chaud ou froid.

Les ingrédients pour 4 personnes

100 g de chorizo
2 œufs + 2 jaunes
20 cl de crème fraîche
200 g de fèves surgelés
sel et poivre

Astuces_ • Pour tout savoir sur la cuisson au bain-marie, foncez page 114. • Pour les plus gourmands, ajoutez 40 g de parmesan râpé sur le dessus des flans avant de les mettre au four.

la botte secrète d'aude et leslie

Vous pouvez remplacer les fèves par des petits pois et le chorizo par des petits morceaux de chipolatas poêlés. Super pour les enfants !

le tuyau de laurence

Pour une version plus *light*, faites bouillir la crème avec le chorizo coupé en dés, laissez infuser 10 min, filtrez et faites vos flans. Vous aurez le délicieux fumet du chorizo... sans ses calories !

le verre de vin qui va bien

Proposez un rioja bien corsé.

Flan aux artichauts et tomates confites

PRÉPARATION 20 MIN | **CUISSON** 40 MIN | **COÛT** ★ | **DIFFICULTÉ** ★★

1 Préchauffez le four à 180 °C (th. 6). Rincez et égouttez bien les fonds d'artichaut. Puis passez-les au mixeur avec les œufs entiers, les jaunes d'œufs, la crème et le basilic. Salez et poivrez généreusement.

2 Égouttez les tomates confites. Répartissez-les dans 6 ramequins beurrés. Versez la préparation aux artichauts par-dessus. Faites cuire au bain-marie pendant 40 min environ. Laissez reposer quelques instants avant de démouler les flans délicatement. Servez chaud, tiède ou froid.

Les ingrédients pour 6 personnes

1 gros bocal de fonds d'artichaut (350 g environ poids net égoutté)
2 œufs + 2 jaunes
20 cl de crème fraîche
2 cuil. à soupe de basilic ciselé
12 tomates confites à l'huile d'olive
1 noisette de beurre pour les ramequins
sel et poivre

Astuces_ • Selon les marques, les tomates confites sont plus ou moins grosses. À vous de juger la quantité nécessaire en fonction de vos goûts. • Sachez qu'on trouve aussi les fonds d'artichaut en conserve ou surgelés (dans ce cas-là, faites-les cuire 10 min dans une casserole d'eau bouillante).

la botte secrète d'aude et leslie

On est tellement mordues de *cheese* qu'on adore troquer les tomates confites contre des cubes de feta.

Flan de cabillaud à la tapenade

PRÉPARATION 15 MIN | **CUISSON** 45 MIN | **COÛT** ★★ | **DIFFICULTÉ** ★

1 Préchauffez le four à 180 °C (th. 6). Rincez les filets de cabillaud (ôtez les arêtes si nécessaire), égouttez les tomates confites et coupez le tout en petits morceaux. Dans un saladier, battez rapidement les œufs et les jaunes. Ajoutez la crème et la tapenade. Poivrez.

2 Répartissez les tomates confites et le cabillaud dans quatre ramequins beurrés. Recouvrez le tout de la préparation aux œufs. Faites cuire au bain-marie 45 min environ.

Les ingrédients pour 4 personnes

250 g de filets de cabillaud
4 tomates confites à l'huile d'olive
2 œufs + 2 jaunes
20 cl de crème fraîche
2 cuil. à soupe de tapenade d'olives noires
1 noisette de beurre pour les ramequins
poivre

Astuces_ • Vous pouvez remplacer la tapenade par de l'anchoïade. Et le cabillaud par du lieu ou du colin. • Pour tout savoir sur la cuisson au bain-marie, foncez page 114.

la botte secrète d'aude et leslie

Pour une finition parfaite, saupoudrez vos petits flans de chapelure avant de les passer au four.

le verre de vin qui va bien

Allez vers un prosecco, délicieux blanc italien...

Flan de crabe au paprika

PRÉPARATION 15 MIN | **CUISSON** 40 MIN | **COÛT** ★★ | **DIFFICULTÉ** ★

Les ingrédients pour 4 personnes

- 2 grosses boîtes de crabe Chatka (370 g au total environ poids net égoutté)
- 4 œufs
- 5 pincées de paprika doux en poudre
- 10 cl de crème fleurette
- 3 cuil. à soupe de purée de tomate séchée
- 1 noisette de beurre pour les ramequins
- poivre

1 Préchauffez le four à 180 °C (th. 6). Égouttez bien le crabe et émiettez-le avec les doigts. Dans un saladier, battez rapidement les œufs avec le paprika.

2 Puis ajoutez la crème fleurette et la purée de tomate séchée. Poivrez. Ajoutez les miettes de crabe et mélangez.

3 Versez la préparation dans quatre ramequins beurrés. Faites cuire le tout au bain-marie pendant 40 min environ. Laissez refroidir avant de servir.

Astuces_ • Pour tout savoir sur la cuisson au bain-marie, foncez page 114.

• Sachez qu'on trouve de la purée de tomate séchée au rayon frais des supermarchés (près du guacamole et du caviar d'aubergine). Sinon, rabattez-vous sur du coulis de poivron ou de tomate et troquez la crème fleurette par de la crème fraîche.

la botte secrète d'aude et leslie

Pour démouler ces petits flans, passez la lame d'un couteau tout autour des ramequins pour les décoller. Puis retournez-les délicatement sur une assiette. Et hop, le tour est joué !

le tuyau de laurence

Pour un petit flan plus économique, choisissez des miettes de surimi aromatisé au crabe !

le verre de vin qui va bien

Proposez un bourgogne aligoté pas trop frais.

Flan d'ananas

PRÉPARATION 20 MIN | **CUISSON** 35 MIN | **COÛT** ★ | **DIFFICULTÉ** ★

1 Préchauffez le four à 180 °C (th. 6). Épluchez l'ananas et coupez la chair en petits morceaux. Dans un saladier, battez rapidement les œufs et les jaunes. Puis ajoutez le sucre, le sucre vanillé, la crème fraîche et la crème de coco.

2 Déposez les morceaux d'ananas dans un plat à gratin beurré. Recouvrez le tout de la préparation aux œufs. Mettez au four et faites cuire pendant 35 min environ. À la sortie du four, laissez refroidir quelques minutes. Puis saupoudrez le flan de sucre glace avant de servir.

Les ingrédients pour 4 personnes

- 1 ananas Victoria
- 2 œufs + 2 jaunes
- 50 g de sucre en poudre
- 1 sachet de sucre vanillé
- 10 cl de crème fraîche
- 10 cl de crème de coco
- 1 noisette de beurre pour le plat
- sucre glace

Astuce_ Si vous ne trouvez pas d'ananas Victoria, utilisez la moitié d'un ananas classique ou rabattez-vous sur de l'ananas au sirop.

le tuyau de laurence

Ajoutez 1 poignée de framboises surgelées à la pâte.

le verre de vin qui va bien

Servez un verre de coteaux-du-layon.

Flan en 4 ingrédients

PRÉPARATION 15 MIN | **CUISSON** 40 MIN | **COÛT** ★ | **DIFFICULTÉ** ★

1 Préchauffez le four à 180 °C (th. 6). Lavez les brugnons et coupez-les en morceaux. Dans une casserole, faites chauffer à feu doux le miel avec la crème. Dans un saladier, battez rapidement les œufs et les jaunes. Ajoutez-y la crème au miel.

2 Répartissez les brugnons dans quatre ramequins ou un petit plat à gratin. Recouvrez le tout de la préparation aux œufs. Faites cuire pendant 35 à 40 min.

Les ingrédients pour 4 personnes

5 brugnons

6 cuil. à soupe de miel liquide

20 cl de crème fraîche

2 œufs + 2 jaunes

Astuces_ • Vous pouvez remplacer les brugnons par des pêches, des poires ou des fruits surgelés. • Si vos fruits ne sont pas très sucrés, rajoutez un peu de miel ou saupoudrez vos petits flans de sucre glace à la sortie du four.

la botte secrète d'aude et leslie

Avec quelques gouttes de sirop de lavande dans la pâte, c'est divin !

le truc de stéphan

Pas mal non plus en ajoutant un peu de poudre d'amandes, nature ou légèrement grillée dans une poêle.

Flan des gourmands

PRÉPARATION 10 MIN | **CUISSON** 35 MIN | **COÛT** ★ | **DIFFICULTÉ** ★

→ C'EST UNE FOIS DE PLUS LESLIE QUI A FRAPPÉ AVEC SON NUTELLA !

Les ingrédients pour 4 personnes

2 œufs + 2 jaunes
6 cuil. à soupe de Nutella
20 cl de crème fraîche
4 boules de glace à la vanille

1 Préchauffez le four à 200 °C (th. 6-7). Dans un saladier, battez rapidement les œufs et les jaunes à l'aide d'un fouet. Puis ajoutez le Nutella et la crème fraîche et continuez de battre jusqu'à obtention d'un mélange lisse.

2 Versez la préparation dans quatre ramequins. Faites cuire pendant 35 min environ. À la sortie du four, attendez quelques instants puis servez un ramequin par personne avec 1 belle boule de glace posée dessus.

la botte secrète d'aude et leslie

Avec des amandes, des noix de macadamia, des noisettes, des morceaux d'orange confite ou des éclats de florentins ajoutés dans la pâte, c'est toujours aussi bon.

Ze flan pâtissier

PRÉPARATION 25 MIN | **CUISSON** 55 MIN | **COÛT** ★ | **DIFFICULTÉ** ★★

Les ingrédients pour 6 à 8 personnes

- 1 gousse de vanille
- 1 l de lait
- 4 œufs
- 90 g de Maïzena
- 110 g de sucre en poudre
- 1 sachet de sucre vanillé
- 1 pâte brisée pur beurre toute prête
- 1 noisette de beurre pour le moule

1 Préchauffez le four à 200 °C (th. 6-7). Fendez la gousse de vanille en deux et récupérez les petites graines noires à l'aide de la pointe d'un couteau. Dans une casserole, faites chauffer à feu doux le lait avec la gousse et les petites graines.

2 Dans un bol, battez rapidement les œufs en omelette. Dans un saladier, mélangez la Maïzena avec le sucre et le sucre vanillé. Ajoutez-y les œufs battus. Quand le lait est bien chaud, ôtez la gousse de vanille puis versez-le petit à petit en mélangeant.

3 Étalez la pate brisée dans un moule à bord haut beurré. Piquez le fond avec une fourchette. Versez la préparation et mettez au four 50 à 55 min. À la sortie du four, laissez refroidir avant de démouler votre flan. Puis placez-le au réfrigérateur jusqu'au moment de servir.

Astuces_ • Optez pour un moule pas trop grand car il faut que le flan soit suffisamment épais. • Si votre flan ne dore pas bien pendant la cuisson, passez-le 2 min sous le gril du four à la fin de la cuisson.

la botte secrète d'aude et leslie

Troquez la vanille contre quelques gouttes d'eau de fleur d'oranger. Ça donne un petit goût inimitable !

le tuyau de laurence

Pour une version un peu plus *light*, versez la préparation dans votre moule légèrement beurré en zappant la pâte !

Flan coco de Laurence

PRÉPARATION 20 MIN **I CUISSON** 50 MIN **I COÛT** ★ **I DIFFICULTÉ** ★★

→ AH, VOILÀ BIEN UNE RECETTE QUI NOUS FAIT CRAQUER À TOUS LES COUPS... LAURENCE EST MORDUE DE COCO, ELLE NOUS A TRANSMIS CETTE MAROTTE !

1 Préchauffez le four à 200 °C (th. 6-7). Dans une casserole, faites chauffer à feu doux le lait avec la crème de coco.

2 Dans un bol, battez rapidement les œufs en omelette. Dans un saladier, mélangez la Maïzena avec le sucre et la noix de coco râpée. Ajoutez-y les œufs battus. Quand le mélange des deux laits est bien chaud, versez-le petit à petit en mélangeant. Étalez la pâte brisée dans un moule à bord haut beurré.

3 Piquez le fond avec une fourchette. Versez la préparation par-dessus et mettez au four 50 min environ. À la sortie du four, laissez refroidir avant de démouler votre flan. Puis placez-le au réfrigérateur jusqu'au moment de servir.

Les ingrédients pour 6 à 8 personnes

75 cl de lait

20 cl de crème de coco

4 œufs

70 g de Maïzena

120 g de sucre en poudre

3 cuil. à soupe de noix de coco râpée

1 pâte brisée pur beurre toute prête

1 noisette de beurre pour le moule

Astuces_ • Pour qu'il n'y ait pas de jaloux, préparez ce flan dans des moules à tartelettes individuels. Dans ce cas-là, réduisez le temps de cuisson. • Pour ceux qui aiment quand la pâte est bien dorée dessous, faites-la précuire 10 min avant d'ajouter la préparation.

la botte secrète d'aude et leslie

Pour customiser ce flan, vous pouvez ajouter dans la pâte des petits dés d'ananas, des cerises dénoyautées ou encore des framboises quand c'est la saison.

le tuyau de laurence

Vous pouvez saupoudrer ce flan de noix de coco râpée avant de l'enfourner pour la cuisson.

le verre de vin qui va bien

Accompagnez ce bon flan sucré avec un petit verre de monbazillac assez frais.

Flan moelleux aux poires

PRÉPARATION 15 MIN | **CUISSON** 45 MIN | **COÛT** ★ | **DIFFICULTÉ** ★

1 Préchauffez le four à 190 °C (th. 6-7). Épluchez les poires et coupez-les en morceaux. Dans un saladier, battez rapidement les œufs et les jaunes. Puis ajoutez le sucre, le pralin et la crème.

2 Déposez les morceaux de poires dans quatre ramequins beurrés. Recouvrez le tout de la préparation aux œufs. Faites cuire au bain-marie pendant 45 min. Servez chaud, tiède ou froid.

Les ingrédients pour 4 personnes

3 poires

2 œufs + 2 jaunes

40 g de sucre en poudre

3 cuil. à soupe de pralin

20 cl de crème

1 noisette de beurre pour les ramequins

Astuces_ • Pour aller plus vite, utilisez des poires au sirop. Dans ce cas, diminuez le sucre. • Pour tout savoir sur la cuisson au bain-marie, foncez page 114. • Sachez qu'on trouve facilement du pralin dans le rayon pâtisserie des supermarchés. • Si vos poires ne sont pas très sucrées, rajoutez un peu de sucre en poudre ou de sucre vanillé dans la pâte.

la botte secrète d'aude et leslie

Avec des pépites de chocolat, c'est démoniaque !

le truc de stéphan

Corsez un peu la recette en ajoutant 3 cuil. à soupe de Williamine.

Flan de mirabelles

PRÉPARATION 10 MIN | **CUISSON** 40 MIN | **COÛT** ★ | **DIFFICULTÉ** ★

1 Préchauffez le four à 180 °C (th. 6). Dans un saladier, battez rapidement les œufs et les jaunes. Ajoutez la crème et la confiture de framboises.

2 Répartissez les mirabelles encore surgelées dans quatre ramequins beurrés. Recouvrez le tout de la préparation aux œufs. Faites cuire au bain-marie pendant 40 min environ. Servez chaud, tiède ou froid après avoir saupoudré vos flans de sucre glace (selon vos goûts !).

Les ingrédients pour 4 personnes

2 œufs + 2 jaunes
20 cl de crème fraîche
3 cuil. à soupe de confiture de framboises
300 g de mirabelles surgelées
1 noisette de beurre pour les ramequins
sucre glace

Astuces_ • Variez les fruits et les confitures... Et testez notamment l'association abricots et confiture de fraises. • Évidemment, ne vous privez pas quand c'est la saison des mirabelles... Oubliez dans ce cas les fruits surgelés.

la botte secrète d'aude et leslie

À mi-cuisson, parsemez chaque flan de quelques amandes effilées. Ça va croustiller sec !

le tuyau de laurence

Pour un mariage aussi délicieux qu'étonnant, remplacez la confiture de framboises par 1 banane mûre écrasée.

le truc de stéphan

Si vous avez le temps, faites sauter les prunes 4 ou 5 min à la poêle avec du beurre et un peu de miel avant de les mettre dans le flan.

Flan de quetsches et miel

PRÉPARATION 25 MIN | **CUISSON** 40 MIN | **COÛT** ★ | **DIFFICULTÉ** ★★

1 Préchauffez le four à 180 °C (th. 6). Faites fondre le beurre au micro-ondes. Cassez les spéculoos en petits morceaux. Passez-les au mixeur avec le beurre fondu et la poudre d'amandes.

2 Déposez cette pâte dans le fond d'un petit plat à gratin ou de quatre ramequins. Tassez le tout avec le dos d'une cuillère. Lavez les quetsches, dénoyautez-les et coupez-les en deux. Dans un saladier, battez rapidement les œufs et les jaunes. Ajoutez la crème et le miel.

3 Répartissez les quetsches sur la pâte aux spéculoos. Recouvrez le tout de la préparation aux œufs. Faites cuire au bain-marie pendant 40 min. Servez chaud, tiède ou froid.

Les ingrédients pour 4 personnes

250 g de quetsches
2 œufs + 2 jaunes
20 cl de crème fraîche
4 cuil. à soupe de miel liquide

Pour la base

30 g de beurre
150 g de spéculoos
3 cuil. à soupe de poudre d'amandes

Astuces_ • Si vous n'avez pas de poudre d'amandes, zappez-la et augmentez les doses de spéculoos à 180 g. Ça marche très bien aussi ! • Pour aller plus vite, utilisez des quetsches surgelées.

Flan au chocolat

PRÉPARATION 25 MIN | **CUISSON** 55 MIN | **COÛT** ★ | **DIFFICULTÉ** ★★

1 Préchauffez le four à 200 °C (th. 6-7). Dans une casserole, faites chauffer à feu doux le lait avec le chocolat cassé en morceaux.

2 Dans un bol, battez rapidement les œufs en omelette. Dans un saladier, mélangez la Maïzena avec le sucre. Ajoutez-y les œufs battus. Quand le lait est bien chaud, versez-le petit à petit en mélangeant. Étalez la pâte brisée dans un moule à bord haut beurré.

3 Dans un mortier, concassez grossièrement les noisettes. Piquez le fond de pâte avec une fourchette. Parsemez-le de noisettes. Versez la préparation par-dessus et mettez au four 50 à 55 min environ. À la sortie du four, laissez refroidir avant de démouler votre flan. Puis placez-le au réfrigérateur jusqu'au moment de servir.

Les ingrédients pour 6 à 8 personnes

1 l de lait

120 g de chocolat noir à cuire

4 œufs

100 g de Maïzena

100 g de sucre en poudre

1 pâte brisée pur beurre toute prête

1 poignée de noisettes entières non salées

1 noisette de beurre pour le moule

la botte secrète d'aude et leslie

Avec des petites gavottes émiettées à la place des noisettes, c'est carrément bon !

Flan de dattes à la fleur d'oranger

PRÉPARATION 20 MIN | **CUISSON** 55 MIN | **COÛT** ★ | **DIFFICULTÉ** ★★

Les ingrédients pour 6 à 8 personnes

- 1 l de lait
- 250 g de dattes
- 4 œufs
- 90 g de Maïzena
- 110 g de sucre en poudre
- 2 cuil. à soupe d'eau de fleur d'oranger
- 1 pâte brisée pur beurre toute prête
- 1 noisette de beurre pour le moule

1 Préchauffez le four à 200 °C (th. 6-7). Dans une casserole, faites chauffer à feu doux le lait. Dénoyautez les dattes et coupez-les en deux.

2 Dans un bol, battez rapidement les œufs en omelette. Dans un saladier, mélangez la Maïzena avec le sucre. Ajoutez-y les œufs battus et l'eau de fleur d'oranger.

3 Quand le lait est bien chaud, versez-le petit à petit dans la préparation en mélangeant. Ajoutez les dattes et mélangez à nouveau.

4 Étalez la pâte brisée dans un moule à bord haut beurré. Piquez le fond avec une fourchette. Versez la préparation et mettez au four 50 à 55 min. À la sortie du four, laissez refroidir avant de démouler votre flan. Puis placez-le au réfrigérateur jusqu'au moment de servir.

Astuces_ • Optez pour un moule pas trop grand car il faut que le flan soit suffisamment épais. • Si votre flan ne dore pas bien pendant la cuisson, passez-le 2 min sous le gril du four à la fin de la cuisson.

Flan aux fruits rouges

PRÉPARATION 15 MIN | **CUISSON** 40 MIN | **COÛT** ★ | **DIFFICULTÉ** ★

1 Préchauffez le four à 180 °C (th. 6). Rincez les framboises et les mûres et séchez-les délicatement. Lavez les fraises, équeutez-les et coupez-les en morceaux. Dans un saladier, battez rapidement les œufs et les jaunes. Ajoutez les sachets de sucre vanillé et la crème.

2 Répartissez les fruits rouges dans quatre ramequins beurrés. Recouvrez le tout de la préparation aux œufs. Faites cuire au bain-marie pendant 40 min. Servez chaud, tiède ou froid.

Les ingrédients pour 4 personnes

125 g de framboises
125 g de mûres
100 g de fraises
2 œufs + 2 jaunes
2 sachets de sucre vanillé
20 cl de crème fraîche
1 noisette de beurre pour les ramequins

Astuces_ • Vous pouvez bien évidemment utiliser des fruits surgelés. • Pour démouler ces petits flans, passez la lame d'un couteau tout autour des ramequins pour les décoller. Puis retournez-les délicatement sur une assiette. Et hop, le tour est joué ! • Pour tout savoir sur la cuisson au bain-marie, foncez page 114.

le tuyau de laurence

Pour accentuer un dessus caramélisé, saupoudrez de cassonade avant de mettre ces flans au four. Mmm...

Far poire & figue

PRÉPARATION 15 MIN | **CUISSON** 45 MIN | **COÛT** ★★ | **DIFFICULTÉ** ★

Les ingrédients pour 6 à 8 personnes

- 1 poire
- 200 g de figues mûres
- 300 g de farine
- 150 g de sucre en poudre
- 6 œufs
- 1 l de lait
- 2 cuil. à soupe d'amaretto
- 1 noisette de beurre pour le moule

1 Préchauffez le four à 180 °C (th. 6). Épluchez la poire et coupez-la en morceaux. Rincez les figues, séchez-les et coupez-les en quatre. Dans un saladier, mélangez la farine avec le sucre. Ajoutez les œufs entiers un à un, le lait puis l'amaretto.

2 Répartissez les fruits dans un moule à bord haut beurré. Versez par-dessus la pâte. Faites cuire le tout 45 min environ.

Astuces_ • Pour les becs sucrés, tablez plutôt sur 200 g de sucre. • Sachez que l'Amaretto est un alcool italien à base d'amande qu'on trouve facilement dans les supermarchés. Pour une version non alcoolisée, misez sur de l'eau de fleur d'oranger ou quelques gouttes d'extrait de vanille liquide.

Far aux pruneaux de Brigitte

PRÉPARATION 10 MIN | **CUISSON** 45 MIN | **COÛT** ★ | **DIFFICULTÉ** ★

→ ON DOIT CE SUCCULENT FAR À NOTRE CHÈRE ÉDITRICE BIBI... TESTEZ-LE LES YEUX FERMÉS ET RÉGALEZ-VOUS SANS MODÉRATION ! CÔTÉ PRÉSENTATION, N'OUBLIEZ PAS DE LE SAUPOUDRER DE SUCRE GLACE JUSTE AVANT DE SERVIR (À TRAVERS UNE PASSOIRE FINE POUR ÉVITER LES « PAQUETS »).

1 Préchauffez le four à 180 °C (th. 6). Dans un saladier, mélangez la farine avec le sucre. Ajoutez les œufs entiers un à un, le lait, le rhum puis les pruneaux.

2 Versez cette préparation dans un moule à bord haut beurré. Faites cuire le tout 45 min environ. Laissez refroidir quelques instants avant de démouler votre far.

Les ingrédients pour 6 à 8 personnes

300 g de farine
150 g de sucre en poudre
6 œufs
1 l de lait
3 cuil. à soupe de rhum
300 g de pruneaux dénoyautés
1 noisette de beurre pour le moule

Astuces_ • La clé de la réussite ? Ajoutez les ingrédients un à un et mélangez bien à chaque fois pour éviter les grumeaux. • Si vos pruneaux sont trop secs, trempez-les quelques minutes dans un bol d'eau tiède que vous pouvez parfumer de quelques gouttes d'eau de fleur d'oranger. Sinon, vous pouvez aussi utiliser des pruneaux entiers que vous dénoyauterez vous-même, car ils sont plus tendres. • Pour les becs sucrés, tablez plutôt sur 200 g de sucre.

la botte secrète d'aude et leslie

Vous pouvez remplacer les pruneaux par des raisins secs, des abricots secs, des dattes ou des quartiers de pomme dorés à la poêle avec 1 noix de beurre salé.

le truc de stéphan

Ajoutez 2 ou 3 cuil. à soupe de cognac dans la pâte avant de mettre à cuire.

Far aux framboises et à la vanille

PRÉPARATION 10 MIN | **CUISSON** 45 MIN | **COÛT** ★ | **DIFFICULTÉ** ★

→ CETTE VARIANTE DU FAR TRADITIONNEL AUX PRUNEAUX EST UN VRAI DÉLICE. PRÉPAREZ-LE AVEC LES PLUS PETITS, CETTE RECETTE EST ENFANTINE !

1 Préchauffez le four à 180 °C (th. 6). Dans un saladier, mélangez la farine avec le sucre. Ajoutez les œufs entiers un à un, le lait, l'extrait de vanille liquide puis les framboises et les mûres rincées.

2 Versez cette préparation dans un moule à bord haut beurré. Faites cuire le tout 45 min environ. Laissez refroidir quelques instants avant de démouler le far. Servez froid.

Les ingrédients pour 6 à 8 personnes

300 g de farine
180 g de sucre en poudre
6 œufs
1 l de lait
1 cuil. à soupe d'extrait de vanille liquide
250 g de framboises
125 g de mûres
1 noisette de beurre pour le moule

Astuce_ Pour une version hivernale, troquez les fruits rouges contre des poires et des pommes.

la botte secrète d'aude et leslie

Si vous n'avez pas d'extrait de vanille liquide, rabattez-vous sur 2 sachets de sucre vanillé et tablez dans ce cas sur 130 g de sucre en poudre.

le tuyau de laurence

J'adore en version tiède avec 1 boule de glace à la vanille.

le verre de vin qui va bien

Allez, un peu de folie : une petite coupe de champagne irait bien ici...

Flan au citron

PRÉPARATION 20 MIN | **CUISSON** 55 MIN | **COÛT** ★ | **DIFFICULTÉ** ★★

Les ingrédients pour 6 à 8 personnes

1 citron non traité

1 l de lait

4 œufs

90 g de Maïzena

110 g de sucre en poudre

1 pâte brisée pur beurre toute prête

1 noisette de beurre pour le moule

1 Préchauffez le four à 200 °C (th. 6-7). Prélevez le zeste du citron à l'aide d'un zesteur (ou en le râpant sur les petits trous d'une râpe). Dans une casserole, faites chauffer à feu doux le lait avec les zestes.

2 Dans un bol, battez rapidement les œufs en omelette. Dans un saladier, mélangez la Maïzena avec le sucre. Ajoutez-y les œufs battus. Quand le lait est bien chaud, versez-le petit à petit en mélangeant.

3 Étalez la pâte brisée dans un moule à bord haut beurré. Piquez le fond avec une fourchette. Versez la préparation et mettez au four 50 à 55 min. À la sortie du four, laissez refroidir avant de démouler le flan. Puis placez-le au réfrigérateur jusqu'au moment de servir.

Astuces_ • Optez pour un moule pas trop grand car il faut que le flan soit suffisamment épais. • Si votre flan ne dore pas bien pendant la cuisson, passez-le 2 min sous le gril du four à la fin de la cuisson.

le tuyau de laurence

Ajoutez quelques dés de zestes de citron confit !

Flan des enfants

PRÉPARATION 10 MIN | **CUISSON** 50 MIN | **COÛT** ★ | **DIFFICULTÉ** ★

1 Préchauffez le four à 190 °C (th. 6-7). Égouttez la faisselle pendant quelques minutes. Rincez les framboises. Dans un saladier, battez rapidement les œufs et les jaunes. Puis ajoutez le sucre vanillé, la faisselle bien égouttée et la confiture.

2 Déposez les framboises dans un petit plat à gratin. Recouvrez le tout de la préparation aux œufs. Faites cuire au bain-marie pendant 50 min environ. Servez tiède ou froid.

Les ingrédients pour 4 personnes

150 g de faisselle

200 g de framboises

2 œufs + 2 jaunes

1 sachet de sucre vanillé

2 cuil. à soupe de confiture de fraises

Astuces_ • Votre flan est prêt quand la pointe d'un couteau planté au cœur ressort sèche. • Quand vous avez le temps, laissez égoutter votre faisselle pendant 2 h. • Pour tout savoir sur la cuisson au bain-marie, foncez page 114.

la botte secrète d'aude et leslie

À déguster impérativement avec un petit coulis de fruits rouges...

Flan aux cerises de mon enfance

PRÉPARATION 10 MIN | **CUISSON** 40 MIN | **COÛT** ★ | **DIFFICULTÉ** ★

1 Préchauffez le four à 190 °C (th. 6-7). Lavez les cerises et dénoyautez-les (bon courage !). Ramollissez le beurre au micro-ondes. Puis, dans un saladier, mélangez le beurre avec le sucre. Puis ajoutez les œufs entiers, la poudre d'amandes et le kirsch.

2 Étalez la pâte brisée dans un moule à bord haut beurré. Piquez le fond avec une fourchette. Puis répartissez les cerises sur le fond de tarte et recouvrez le tout de la préparation. Mettez au four pendant 40 min environ.

Les ingrédients pour 4 personnes

750 g de cerises
100 g de beurre
100 g de sucre en poudre
2 œufs
50 g de poudre d'amandes
1 belle cuil. à soupe de kirsch
1 pâte brisée pur beurre toute prête
1 noisette de beurre pour le moule

Astuce_ Pour aller plus vite, utilisez des cerises surgelées dénoyautées.

le truc de stéphan

Prenez le temps de poêler les cerises 2 ou 3 min dans du beurre moussant avec un peu de sucre roux puis utilisez-les comme indiqué dans la recette.

je veux en savoir plus !

Les règles d'or pour réussir un tian / couvrez-le d'une feuille de papier d'aluminium / Pour une cuisson au top / Ce mode de cuisson permet une cuisson plus lente / passez la lame d'un couteau tout autour des ramequins / les flans gonflent bien pendant la cuisson / des amandes, des noix de macadamia, des noisettes, des morceaux d'oranges confites ou des éclats de florentins / Pour un max de saveur / Épluchez les poivrons / COULIS DE FRUITS ROUGES / Versez un fond d'eau frémissante dans la plaque du four / optez pour de la mozzarella sous forme de pain / N'hésitez pas à préparer vos tians la veille / Pour donner un côté gratiné à vos tians / coupez-les en rondelles / ajoutez quelques mini-noisettes de beurre / 1 demi-gousse d'ail / d'huiles aromatisées / entre les couches de légumes / CHOISISSEZ-LES BIEN MÛRES / arrosez-le généreusement d'huile d'olive / soit les déguster froids / saupoudrer vos flans de sucre glace à la sortie du four / sous le gril / dans la pâte ou sur le dessus / mélangez entre chaque étape pour éviter les grumeaux / pensez au filet de miel / alternez-les avec des tomates rouges / Idéal quand ils sont recouverts de chapelure, parmesan ou autre fromage râpé / l'incontournable huile d'olive / elle fond mieux et rend moins d'eau en cuisant / parfumez la pâte en ajoutant du pralin / Pour réussir vos fars à tous les coups / de nombreux fromages parfument la préparation aux œufs / LAVEZ ET ÉQUEUTEZ LES FRAISES / passez la sauce au mixeur / Rincez les framboises / Et hop c'est prêt !

Je veux la technique !

TIANS

Les règles d'or pour réussir un tian

- Arrosez régulièrement les légumes avec leur jus de cuisson. Et n'hésitez pas à rajouter un peu d'huile d'olive en cours de route pour réhydrater les légumes et les rendre bien moelleux.

- Si votre tian a tendance à dorer trop vite, couvrez-le d'une feuille de papier d'aluminium en cours de cuisson.

- Pour une cuisson au top, coupez les légumes en tranches ou en rondelles très fines avec un robot, une mandoline (râpe de pro) ou courageusement à la main avec un bon couteau. Et plus ils seront coupés en fines lamelles, plus vous réduirez le temps de cuisson...

- Côté cuisson, tablez sur 50 min environ pour un four à 190 °C (th. 6-7). Mais ça peut aussi être 1 h 30 à four plus doux (150 °C, th. 5), vos légumes seront alors ultra-tendres. Et pour un côté confit, augmentez encore le temps de cuisson (jusqu'à 2 h ou 2 h 30), toujours à 150 °C (th. 5). Dans ce cas, couvrez votre tian d'une feuille de papier d'aluminium à mi-cuisson.

- Pour donner un côté gratiné à vos tians, n'hésitez pas à les passer 4 min sous le gril du four en fin de cuisson. Idéal quand ils sont recouverts de chapelure, parmesan ou autre fromage râpé.

- N'hésitez pas à préparer vos tians la veille... Le lendemain, vous pouvez soit les réchauffer (10 min dans un four préchauffé à 180 °C, th. 6), soit les déguster froids. Idéal pour accompagner les viandes et poissons froids.

- Du côté des tomates, choisissez-les bien mûres, coupez-les en rondelles en laissant leur peau et épépinez-les grossièrement avant de les glisser dans un tian. Autre possibilité ? Pelez les tomates en les plongeant quelques instants dans l'eau bouillante. Et si vous mettez la main sur des tomates jaunes, alternez-les avec des tomates rouges... Aussi beau que bon !

- Du côté des aubergines, faites dégorger les rondelles pendant 1 h dans une passoire avec du gros sel. Puis épongez-les avec du papier absorbant avant de les ajouter dans le tian. Vous éviterez ainsi qu'elles ne rendent de l'eau en cuisant.

- Avant de mettre le tian au four, arrosez-le généreusement d'huile d'olive. Comptez environ 5 à 6 belles cuil. à soupe.

- Du côté des tians sucrés, optez pour des fruits bien mûrs. S'ils ne sont pas assez juteux, ajoutez quelques noisettes de beurre (et pourquoi pas de beurre salé ?) sur le dessus de votre tian avant de le passer au four. Et s'ils ne sont pas assez sucrés, pensez au filet de miel, au sucre vanillé ou à la cassonade.

Tout ce qui apporte du goût à un tian...

- Frottez l'intérieur de votre plat à gratin avec 1 demi-gousse d'ail.

- Ajoutez des petites olives vertes ou noires juste avant de mettre au four.

- Jouez la carte fines herbes : basilic, menthe, coriandre, ciboulette ou sauge... Et n'oubliez bien évidemment pas les herbes de Provence (le thym, l'origan et le romarin, les 3 grands alliés de ce plat).

- Pensez à glisser quelques feuilles de laurier entre vos couches de légumes. Ça apportera un petit goût inimitable.

- Plutôt que l'incontournable huile d'olive, prenez l'habitude d'arroser vos tians d'huiles aromatisées (citron, estragon, piment...).

Tout ce qui apporte du fondant à un tian...

- Entre les couches de légumes, ajoutez un peu de ricotta ou de brousse nature ou mélangée avec des fines herbes, de la tapenade ou de la sauce *pesto*.

- Ayez le réflexe fromage :
→ mozzarella : dans ce cas, optez pour de la mozzarella sous forme de pain « spécial cuisson » et non en boule – elle fond mieux et rend moins d'eau en cuisant ;
→ bûche de chèvre : en rondelles sur le dessus du tian ou entre les couches de légumes ;
→ et tout autre fromage qui fond bien : gruyère, comté, parmesan, fromage à raclette ou mimolette...

Idée de sauce pour accompagner tians et flans salés

Coulis de tomate et poivron

Les ingrédients pour 6 personnes

2 poivrons rouges
2 oignons
1 gousse d'ail
1 petite boîte de tomates pelées
1 pincée de sucre en poudre
½ bouquet de basilic
1 beau filet d'huile d'olive pour la casserole
sel et poivre

1 Épluchez les poivrons à l'aide d'un couteau économe et épépinez-les. Puis coupez-les en petits morceaux. Épluchez les oignons et coupez-les finement. Épluchez la gousse d'ail et hachez-la. Égouttez bien les tomates pelées et coupez-les grossièrement.

2 Dans une casserole, faites chauffer l'huile. Ajoutez les oignons et faites-les revenir 2 min environ en mélangeant régulièrement.
Ajoutez les poivrons. Laissez cuire 5 min à nouveau. Ajoutez les tomates pelées, l'ail, le sucre et le basilic ciselé. Salez et poivrez.

3 Faites cuire le tout 20 min à feu doux en mélangeant régulièrement. À la fin de la cuisson, passez la sauce au mixeur et servez ce coulis chaud ou froid.

Idée de sauce pour accompagner les tians et flans sucrés

Coulis de fruits rouges

Les ingrédients pour 6 personnes

300 g de fraises
200 g de framboises
50 g de sucre glace
2 cuil. à soupe de jus de citron

1 Lavez et équeutez les fraises. Rincez les framboises.

2 Passez tous les ingrédients au mixeur.
Et hop c'est prêt !

Table des matières

Ma recette qui dépote...

> Les ingrédients du confort DolceVita

- Des innovations au quotidien
- Des services pour encore plus de tranquillité
- Des conseillers toujours disponibles

DolceVita, le confort en toute sérénité

Cuisiner avec facilité et en toute sécurité, profiter d'une douce atmosphère, bénéficier de technologies innovantes et sûres... Avec DolceVita de Gaz de France, conjuguez confort, plaisir et sérénité au quotidien : l'esprit libre pour partager des moments privilégiés avec ceux que vous aimez.

> Le conseil de DolceVita

Entretenez les brûleurs de votre cuisinière

Pour profiter pleinement des performances du gaz naturel et de votre table de cuisson, nettoyez régulièrement les brûleurs. Certains signes vous indiquent le bon moment : la flamme n'est plus bleue mais jaune et devient irrégulière en noircissant le fond des casseroles. Un petit tour au lave-vaisselle et c'est reparti !

L'énergie est notre avenir, économisons-la !

Cuisson : les innovations en plus

- Souple et modulable, la flamme vous obéit instantanément pour saisir, mijoter, griller ou rôtir, et les dernières **innovations technologiques**, (nouveaux brûleurs, minuteurs, etc.) vous simplifient la vie au quotidien.
- **Les + sérénité :**

- Pour ses performances et la sécurité optimale qu'il procure, Gaz de France recommande **le système Vissogaz** pour le **raccordement de vos appareils de cuisson**. Parfaitement étanche, ce système ne peut ni s'arracher ni se déboîter.

- Autre innovation : un **thermocouple** coupe automatiquement l'arrivée de gaz si la flamme s'éteint accidentellement (courant d'air ou casserole qui déborde).

Chauffage et eau chaude : confort et services sur mesure

- Des bilans à domicile comme le **Diagnostic Qualité Gaz de France**, pour vérifier la qualité de votre installation (sécurité et performances) et corriger les éventuelles anomalies.
- Des **offres de financement** très compétitives pour améliorer ou rénover votre installation.
- L'esprit toujours tranquille avec

des **services de maintenance** personnalisés, pour un confort quotidien... sans y penser !
- **Le + sérénité :** au moindre dysfonctionnement, les **chaudières dernière génération s'interrompent, en coupant d'elles-mêmes l'arrivée de gaz naturel.**

Installation et suivi : des Conseillers toujours disponibles

- Quel que soit votre projet, vous pouvez compter sur l'écoute et la disponibilité de votre **Conseiller Gaz de France.** Vos questions trouveront une réponse personnalisée et vous serez accompagné dans votre projet, étape par étape.

Gaz de France, SA au capital de 983 871 988 € - 542 107 651 RCS Paris
Photos : Médiathèque Gaz de France / C. Cayre / P. Delavie / P. Dureuil
Conception/Réalisation : UNEDITE

POUR EN SAVOIR PLUS SUR DOLCEVITA DE GAZ DE FRANCE
Appelez votre Conseiller Gaz de France au :
0 810 800 801 *(prix d'un appel local depuis un poste fixe)*
ou connectez-vous sur le site : **www.dolcevita.gazdefrance.fr**

Gaz de France
Dolcevita

Remerciements

Tout plein de mercis à nos potes Laurence et Stéphan, ainsi qu'à Brigitte, Nelly, Delphine, Anne, Johanna et Camille, la fine équipe d'Hachette.

Merci aussi à nos amoureux, nos supers copines Malo & Lætie, Elisa, Fleur & Valérie, Foufou, Laura, Matias, Darius et Honor ; et évidemment nos parents qui ont su faire de nous de bonnes vivantes. Sans oublier Flocon et Routoutou, toujours partants pour finir les restes !

Aude & Leslie

Lissa Streeter remercie :
Le Printemps : pp. 12 (torchon) et 27 (torchon) ; Coming B : p. 14 (plat familial à gratin) ; Habitat : pp. 16 (petite assiette en forme de feuille) 25 (torchon) 48 (torchon) 61 (set en bois) 70 (assiette et torchon) 72 (assiette en forme de feuille) et 84 (assiette) ; The Conran Shop : pp. 23 (plateau et bol oval) et 56 (set) ; Le Bon Marché : p. 28 (torchon en lin) ; Sentou Gallerie : p. 31 (assiette carrée en verre poli) ; Wedgewood chez The Conran Shop : p. 33 (petit plat à gratin en porcelaine) ; Lafayette Maison : p. 37 (petits bols) ; Guy Degrenne : pp. 42 (petits bols) et 58 (assiette rectangulaire) ; Crate and Barrel www.crateandbarrel.com : p. 44 (petits bols) ; Revo Au Bon Marché : p. 50 (petits poissons en porcelaine) ; Maron Bouille chez La Graineterie du Marché Alligre : p. 54 (torchon imprimé) ; Denby Ceramics : p. 56 (plat) ; ASA chez Lafayette Maison : pp. 62 et 68 (bols et plateau à fleurs) ; Poitiron : pp. 81 (set) et 93 (set) ; Jars chez Le Printemps : p. 103 (assiette).

Toutes les photos de reportage ont été réalisées par Philippe Vaurès-Santamaria.

Direction, Jean-François Moruzzi et Pierre-Jean Furet
Responsable éditoriale, Brigitte Éveno
Conception graphique, Dune Lunel
Réalisation, Les PAOistes
Préparation de copie et corrections, Delphine Pont et Anne Vallet
Fabrication, Hélène Babouot
Partenariats, Sophie Augereau (01 43 92 36 82)

L'éditeur remercie Nelly Mégret pour son aide précieuse et ses relectures attentives.

Imprimé en Espagne par Graficas Estella - dépôt légal : mai 2007
23.01.7298.01.5 • 978-2-0123-7298-6